# REGLEMENT *que le Roy veut estre observé à l'avenir dans les Hôpitaux de ses Troupes.*

## Du 20. Decembre 1718.

### ARTICLE PREMIER.

LE Medecin visitera les malades dans la matinée, à une heure fixe, pour leur ordonner les remedes & autres besoins.

### II.

IL sera écrire par l'Apoticaire à la marge du memoire de sa visite, le numero du lit, le nom du malade, les remedes & les saignées à faire, l'aliment y sera pareillement marqué au bout de la ligne, par une lettre alphabetique qui designera le regime de vivre de chaque malade ou blessé, c'est au Medecin & au Chirurgien-Major de regler ce regime, sans que personne puisse ou doive s'y opposer, pas mesme les Officiers des Troupes, ni autres.

### III.

IL aura un garçon Chirurgien qui le suivra dans sa visite, & qui luy rendra un compte exact des cas relatifs à la Chirurgie qui se rencontreront.

### IV.

L'INFIRMIER de garde, & celuy de chaque quartier suivront aussi pour recevoir les ordres du Medecin concernant

A

les malades, & ceux du Chirurgien-Major pour les blessez.

## V.

POUR prevenir la communication des maladies contagieuses, le Medecin chargera le Chirurgien de garde de placer ceux qui en seront attaquez, chacun dans l'endroit qui conviendra, & suivant l'espece de sa maladie.

## VI.

IL aura toujours devant les yeux en faisant sa visite le cahier de celle du jour precedent, pour observer plus seurement si le malade aura esté traité tant pour les alimens, que pour les remedes comme il l'avoit ordonné, & pour s'assûrer de leur effet.

## VII.

IL prescrira une formule des Remedes usuels à laquelle l'Apoticaire sera obligé de se conformer, Et qui sera presentée à l'Inspecteur des Hôpitaux lors de sa visite generale pour en conferer ensemble, & y ajouster ou retrancher ce qu'ils jugeront à propos pour le bien du service.

## VIII.

IL visitera l'Apoticairerie au moins tous les deux ou trois mois de concert avec le Chirurgien-Major, & fera jetter les remedes corrompus ou gâtez; S'il en manque de necessaires, ils en dresseront ensemble un Estat, dont Copie sera remise à l'Entrepreneur pour qu'il ait soin que le remplacement en soit promptement fait, Et au Commissaire des Guerres afin qu'il y tienne la main.

## IX.

LE Medecin se trouvera aux grandes operations de Chirurgie toutes les fois que le Chirurgien-Major l'en fera avertir, & il se concertera soigneusement avec luy sur tout ce qui sera relatif au soulagement & à la guerison des malades & blessez.

## X.

ON establira dans chaque Hôpital, & l'on cultivera soigneusement un Jardin de Plantes usuelles dans le lieu qui sera designé par l'Intendant; En cas de difficulté le Medecin & le Chirurgien-Major fourniront chacun de leur costé celles dont ils auront besoin pour les maladies qu'ils traiteront, soit internes ou externes, & l'Apoticaire devra les entretenir.

3

## XI.

IL visitera & goustera les alimens avec le Chirurgien-Major, ou separément; l'un & l'autre prendront garde qu'ils soient de la qualité requise, & que la quantité necessaire s'y trouve, le tout conformement aux Traitez des Entrepreneurs, Et aux Reglemens particuliers des Hôpitaux.

## XII.

IL y aura toûjours un Chirurgien present à la distribution des alimens, lequel tiendra la main à ce que chaque malade ou blessé ait ce qui luy aura esté ordonné, observant d'interdire l'usage des alimens solides à ceux à qui la fievre sera survenuë depuis la visite du Medecin, ou du Chirurgien-Major.

## XIII.

LE Medecin n'admettra ni ne souffrira parmi les malades aucuns de ceux qui seront atteints du mal venerien, ou qui en auront des symptomes simples, il les renvoyera au Chirurgien-Major pour en faire la visite, & donner son Certificat de l'estat où il les trouvera, afin que s'ils sont en effet atteints de cette maladie, les Officiers les envoyent aux lieux destinez pour la traiter; à l'égard des symptomes simples lesdits Officiers les feront guerir à leurs dépens.

## XIV.

LES Medecins & Chirurgiens-Majors ne souffriront pareillement aucuns malades attaquez de maux incurables, ils donneront sur le champ & de concert un Certificat de l'estat du malade sur lequel il sera congedié par le Commissaire; à l'égard des écroüelleux, on continüera de les envoyer comme par le passé à l'Hôpital de Thionville.

## XV.

ILS remedieront aux abus qui se commettront, & ils auront soin d'en informer par detail le Commissaire des Guerres, Et l'Inspecteur des Hôpitaux lors de sa tournée.

## XVI.

LE Chirurgien-Major fera son pansement un peu avant la visite du Medecin, afin que s'il y avoit quelque cas grave, comme fievre & maladie chronique, ils en conferassent ensemble, & agissent de concert en tout pour le bien du service.

## XVII.

Il pansera les blessez autant de fois qu'il sera necessaire, & ne commencera point que tous ses appareils ne soient prests pour ne point exposer les playes ou ulceres à l'impression de l'air, il n'y appliquera rien qui ne soit chaud en quelque saison que ce soit, & aura soin que l'on brûle du genievre, ou autres parfums devant & pendant son pansement.

## XVIII.

Il fera toutes les operations de consequence, sans jamais les confier à ses garçons, Et s'il leur arrivoit de s'ingerer d'en faire quelqu'une de cet espece, ils seront aussitost privez de leur employ.

## XIX.

Il fera la visite des blessez immediatement aprés le pansement, pour avoir l'idée plus recente de l'estat où il aura trouvé leurs blessures, & regler ensuite plus judicieusement la qualité & quantité des alimens, & mieux ordonner les remedes convenables & necessaires.

## XX.

Il ne recevra aucuns garçons Chirurgiens qu'il ne les ait auparavant bien examiné & visité leurs instruments, devant estre le maître, s'ils manquent à leur devoir, de les congedier & changer, ainsi qu'il s'est toûjours pratiqué ; le Medecin ayant aussi le pouvoir & l'autorité de changer l'Apoticaire.

## XXI.

Le Chirurgien-Major fera autant qu'il pourra un cours d'operations de Chirurgie & d'Anatomie tous les ans, auquel les Chirurgiens de l'Hôpital seront obligez d'assister, pour s'entretenir & se fortifier dans l'exercice de leur Art, & pour y former des Eleves qui puissent devenir utiles.

## XXII.

Il aura un soin particulier qu'il ne manque rien à ses blessez de ce qu'il leur aura reglé, & il goustera aux boüillons & autres alimens, le Medecin en fera autant pour ses malades.

## XXIII.

Les Chirurgiens Majors preposez à la guerison du mal venerien dans les lieux qui y sont seuls destinez, observeront d'empescher que leurs malades n'ayent aucun commerce

*Du 20. Decembre 1718.*

5

avec les autres, & auront foin que leurs linges & uftenciles ne fervent qu'à eux.

### XXIV.

LE Chirurgien de garde ne s'abfentera point fous peine de dix livres d'amende pour la premiere fois, & d'eftre mis hors de l'Hôpital à la feconde; Il prendra tous les foirs les ordres du Chirurgien Major, & luy rendra compte de ce qui fe fera paffé depuis fon panfement; Il fera fa tournée dans les falles, & recommandera aux Infirmiers de l'avertir des accidents furvenus pour y remedier, Et fi le cas eftoit preffant en avertira le Medecin ou le Chirurgien Major.

### XXV.

IL tiendra la main à ce que les Sentinelles faffent leur devoir afin d'empefcher les defordres; Et il prendra garde que les malades ne mangent ni fruit ni autre chofe nuifible.

### XXVI.

AVANT que d'envoyer les malades atteints du mal vene-rien aux Hôpitaux où on le traite, les Chirurgiens Majors des Regimens, fur tout dans les lieux où il n'y a point de Chirurgien Major de Places, leur donneront leur Certificat vifé du Commandant des Corps, & des Commiffaires des Guerres, Et à leur deffaut lefdits malades devront eftre au moins munis d'un Certificat du Chirurgien le plus capable qui pourra fe trouver dans le lieu de la Garnifon.

### XXVII.

L'APOTICAIRE fe conformera de point en point aux Or-donnances du Medecin, & à celles du Chirurgien Major; il leur rendra compte de l'effet des remedes effentiels, & des raifons qu'il aura eû d'en differer quelques-uns depuis leur derniere vifite.

### XXVIII.

LORSQU'IL luy manquera des drogues ufuelles il ne les fubftituera point de fon chef, mais il en donnera l'avis pre-cis & exact aux Medecins & Chirurgiens Majors; Il ne fera point de compofitions hors de leur prefence, à peine de Dix livres d'amende pour la premiere fois, & de privation de fon Employ en cas de recidive.

### XXIX.

IL fera une bonne provifion de Plantes ufuelles chacune

dans leur temps, & les conservera bien closes dans des Boëtes; de maniere qu'elles ne soient point exposées à l'air & à la poussiere qui en détruisent la vertu & la qualité.

### X X X.

CONFORMEMENT à l'Article II. de ce Reglement il se trouvera regulierement à la visite du Medecin & du Chirurgien Major.

### X X X I.

DANS les Hôpitaux où il n'y a point de Medecins, tout ce qui leur est enjoint par le present Reglement sera executé par le Chirurgien Major.

### X X X I I.

L'ENTREPRENEUR tiendra un Registre exact & signalé, cotté & paraphé par le Commissaire des Guerres de la Place, dans lequel seront énoncez le nom de Guerre des Soldats qui arriveront, & celuy de leur famille, le lieu de leur naissance, la Generalité & la Ville la plus prochaine de ce lieu; Il fera prendre ensuite l'estat de leur Argent, hardes, & autres ustenciles dont il fera deux Memoires, l'un qui servira d'étiquette au paquet, & l'autre qu'il remettra au malade pour pouvoir repeter à sa sortie ce qui luy appartient; Et en cas de mort, pour rendre à l'Officier ce qui est au Roy avant le delay de l'an & jour, s'il les demande: Il se conformera au surplus à son Traité & aux Reglemens particuliers, & aura soin de faire nettoyer les Salles avant les Visites & Pansements, & y fera brusler du Genievre ou autres parfums, & repandre & balayer du sable sur les planchers; Il sera en outre laver & blanchir les murs & parois tous les ans avec de la Chaux, pour détruire les ovaires & insectes qui s'y attachent.

### X X X I I I.

LE premier jour de chaque mois il se fera une Assemblée où se trouveront le Commissaire des Guerres, & en son absence le Major de la Place & les Officiers de chaque Hôpital; l'Entrepreneur representera son Registre pour estre confronté, tant avec celuy des visites des Medecins & Chirurgiens Majors qui auront marqué le jour de la mort de leurs malades ou blessez, qu'avec celuy de l'Aumônier, & pour faire une verification exacte du nombre des entreés, sorties, morts,

& de ceux qui restent; Il sera mis au bas de l'arresté de chaque mois un estat des journées tant des malades que des servants, lesquels arresté & Estat signez desdits Officiers & du Commissaire ou du Major, seront envoyez à l'Intendant.

## XXXIV.

DANS cette Assemblée les Officiers servans proposeront tout ce qu'ils croiront convenir au soulagement des malades & au bien du Service; On y examinera si les Effets appartenants au Roy sont bien entretenus, si les Portes, Lits, Vitres & Serrures sont en bon estat, & s'il y a quelque desordre on y remediera sur le champ.

## XXXV.

LES Medecins & Chirurgiens Majors qui auront lieu de faire des observations & remarques utiles, tant par l'ouverture des cadavres qu'autrement, en dresseront un Estat circonstancié & raisonné, pour estre ledit Estat envoyé au Secretaire d'Estat de la Guerre; Ils observeront aussi lorsqu'il regnera des maladies epidemiques, contagieuses & extraordinaires, de le marquer, avec l'usage des remedes qu'ils auront reconnus les plus efficaces, ils auront soin d'expliquer les circonstances de ces maladies, & ils communiqueront le tout à l'Inspecteur qui verifiera les faits.

## XXXVI.

L'AUMÔNIER confessera tous les malades à leur arrivée, ou du moins avant les vingt-quatre heures expirées, il dira tous les jours la Messe à heure reglée, fera la Priere tous les soirs, & en son absence, il la fera faire par les servants, & ne negligera rien de l'administration des Sacremens.

## XXXVII.

QUOYQUE sa principale occupation consiste dans le spirituel, il sera cependant admis, dans l'Assemblée de chaque mois, à proposer avec les autres Officiers ce qu'il croira convenable au bien du Service de Sa Majesté, & il signera comme eux les Estats qui y seront arrestez.

## XXXVIII.

IL tiendra un Registre fidelle des morts, qu'il fera signer à la fin de chaque mois par deux Officiers de l'Hôpital, & par le Commissaire des Guerres, & qui devra estre conforme à celuy de l'Entrepreneur; Il tirera de ce Regiſtre deux Certificats ſi- gnez & legaliſez par le Commiſſaire des Guerres, pour en en- voyer un au Regiment & l'autre à la famille du deſſunt, Et pour les Troupes Eſtrangeres il ſuffira d'en adreſſer un au Regiment.

X X X I X.

Nul ne pourra teſter en faveur des Officiers de l'Hôpital où il ſera, pas meſme de l'Aumônier ni de ſon Couvent, ſous pretexte de legs pieux, l'Aumônier pourra cependant en en- voyant l'Extrait mortuaire, avertir la famille des intentions du deſſunt.

X L.

Tous les Officiers des Hôpitaux tiendront la main, à ce qu'aucun des malades & ſervans, ne blaſphême, jure, ou tien- ne aucuns mauvais diſcours.

X L I.

Lesdits Officiers tiendront pareillement la main à ce que les convaleſcens ne fument que dans les lieux qui leur ſe- ront deſignez, ſous peine de chaſtiment.

X L I I.

L'Entrepreneur des Lits fera laver les Couvertures & les bois de Lit tous les ſix mois, & rebattre tous les ans les Matelas qu'il changera autant qu'il ſera neceſſaire, de meſme que les Paillaſſes dont la Paille ſera renouvellée tous les ſix mois aux convaleſcens, & aux malades autant de fois que le Medecin & le Chirurgien Major le jugeront à propos; Il aura pareillement ſoin d'entretenir les draps en bon eſtat, Et au ſur- plus il ſe conformera exactement aux Reglemens particuliers des Hôpitaux. Fait à Paris le vingtiéme jour de Decembre mil ſept cens dix-huit. *Signé* Le Blanc.

En Temps de Guerre.

# DRAGONS.

### Nouveau Traitement des Dragons, Compagnie à 50. Dragons. Reglé par S. A. R. le 6. Avril 1718.

**Mestre de Camp.**
- Appointemens . . . . . . . . . . . 3600. liv. ⎫
- Pour tenir lieu de Fourrage, Quartier d'Hyver, Uftan-cile, Pain & autres Fournitures. . . . . . 2000. liv. ⎬ 6725. liv.
- Penfion . . . . . . . . . . . . 1125. liv. ⎭

**Lieutenant-Colonel.**
- Pour tenir lieu de Fourrage, Uftancile, Quartier d'Hy-ver, Pain & autres Fournitures. . . . . . 1500. liv. ⎫ 2100. liv.
- Penfion . . . . . . . . . . . . 600. liv. ⎭

**Major.**
- Appointemens . . . . . . . . . . 1980. liv. ⎫
- Pour tenir lieu de Fourrage, Quartier d'Hyver, &c. . . 1000. liv. ⎬ 2380. liv.
- Penfion . . . . . . . . . . . . 400. liv. ⎭

**Aide-Major.**
- Appointemens . . . . . . . . . . 1110. liv. ⎫ 1910. liv.
- Pour tenir lieu de Fourrage, Uftancile, &c. . . . 800. liv. ⎭

**Capitaine en pied.**
- Appointemens . . . . . . . . . . 1980. liv. ⎫
- Pour tenir lieu de Remonte, Fourrage, Quartier d'Hy-ver, Pain & autres Fournitures. . . . . . 6200. liv. ⎬ 8180. liv.

**Capitaine en second.**
- Appointemens . . . . . . . . . . 990. liv. ⎫ 1790. liv.
- Pour tenir lieu de Fourrage, Uftancile &c. . . . 800. liv. ⎭

**Premier Lieutenant.**
- Appointemens . . . . . . . . . . 810. liv. ⎫ 1410. liv.
- Pour tenir lieu de Fourrage, Uftancile &c. . . . 600. liv. ⎭

**Lieutenant en second.**
- Appointemens . . . . . . . . . . 540. liv. ⎫ 1040. liv.
- Pour tenir lieu de Fourrage, Uftancile, &c. . . . 500. liv. ⎭

**Mareschal des Logis.**
- Appointemens . . . . . . . . . . 450. liv. ⎫ 850. liv.
- Pour tenir lieu de Fourrage, &c. . . . . . 400. liv. ⎭

| | | |
|---|---|---|
| Brigadier. | à 7. fols 6. deniers par jour . . . . . . . . . . | 135. liv. |
| Dragon. | à 6. fols 6. deniers . . . . . . . . . . . | 117. liv. |
| Aumosnier. | Pour tout. . . . . . . . . . . . . . | 600. liv. |

Outre la folde cy-deffus, il reftera en Maffe par an pour chaque Compagnie la fomme de 900. livres, ce qui monte pour un Regiment de huit Compagnies à . . . . . 7200. liv.

Les Officiers de Dragons continüeront de joüir des Penfions qu'ils ont.

En Temps de Paix.

# DRAGONS.

*Nouveau Traitement des Dragons, Compagnie à 25. Dragons.*
*Reglé par S. A. R. le 6. Avril 1718.*

| | | |
|---|---|---|
| MESTRE DE CAMP. | Appointemens . . . . . . . . . 3600. liv. | } 4725. liv. |
| | Pension . . . . . . . . . . 1125. liv. | |
| LIEUTENANT-COLONEL. | Pension . . . . . . . . . . | 600. liv. |
| MAJOR. | Appointemens . . . . . . . . . 1980. liv. | } 2380. liv. |
| | Pension . . . . . . . . . 400. liv. | |
| AIDE-MAJOR. | Appointemens . . . . . . . . . | 1110. liv. |
| CAPITAINE en pied. | Appointemens . . . . . . . . . 1980. liv. | } 2580. liv. |
| | Remonte . . . . . . . . . 600. liv. | |
| CAPITAINE en second. | Appointemens . . . . . . . . . | 990. liv. |
| Premier LIEUTENANT. | Appointemens . . . . . . . . . | 810. liv. |
| LIEUTENANT en second. | Appointemens . . . . . . . . . | 540. liv. |
| MARESCHAL des Logis. | Appointemens . . . . . . . . . | 450. liv. |
| BRIGADIER. | à 7. sols 6. deniers . . . . . . . . | 135. liv. |
| DRAGONS. | à 6. sols 6. deniers . . . . . . . . | 117. liv. |

Outre la solde cy-dessus, il restera en Masse par an pour chaque Compagnie la somme de 450. livres, ce qui monte par Regiment de huit Compagnies à . . . . . 3600. liv.

Les Officiers de Dragons continüeront de joüir des Pensions qu'ils ont.

En Temps de Guerre.

# INFANTERIE.

*Nouveau Traitement des Troupes d'Infanterie Françoise,*
*Reglé par S. A. R. le 6. Avril 1718.*

| | | Par an. | Total. |
|---|---|---|---|
| **COLONEL de Regiment qui avoit Prevosté.** | Appointemens de Colonel, outre son Traitement de Capitaine | 990. liv. | 3400. liv. |
| | Pour tenir lieu de Prevosté | 810. liv. | |
| | Pour tenir lieu de Fourrage, Ustancile & Pain, en ladite qualité de Colonel, outre son Traitement de Capitaine. | 1600. liv. | |
| **COLONEL de Regiment qui n'avoit point de Prevosté.** | Appointemens de Colonel, outre son Traitement de Capitaine | 990. liv. | 2190. liv. |
| | Pour tenir lieu de Fourrage, Ustancile & pain, en ladite qualité de Colonel, outre son Traitement de Capitaine | 1200. liv. | |
| **LIEUTENANT-COLONEL.** | Appointemens de Lieutenant Colonel, outre son Traitement de Capitaine | 810. liv. | 2260. liv. |
| | Pour tenir lieu de Fourrage, Ustancile & Pain, en ladite qualité de Lieutenant Colonel, outre son Traitement de Capitaine | 1000. liv. | |
| | Pension | 450. liv. | |

*Ceux des Officiers qui auront des Pensions plus fortes*
*continueront d'en joüir.*

| | | Par an. | Total. |
|---|---|---|---|
| **COMMANDANT de Bataillon.** | Appointemens de Commandant de Bataillon, outre son Traitement de Capitaine | 810. liv. | 1810. liv. |
| | Pour tenir lieu de Fourrage, Ustancile & pain, en ladite qualité, outre son Traitement de Capitaine | 1000. liv. | |
| **MAIOR.** | Appointemens | 1500. liv. | 2600. liv. |
| | Pour tenir lieu de Fourrage, Ustancile & Pain | 800. liv. | |
| | Pension | 300. liv. | |
| **AIDE-MAIOR.** | Appointemens | 810. liv. | 1250. liv. |
| | Pour tenir lieu de Fourrage, Ustancile & Pain | 440. liv. | |
| **CAPITAINE DE GRENADIERS. Compagnie à 50.** | Appointemens | 1800. liv. | 3905. liv. |
| | Gratification à 50. hommes | 405. liv. | |
| | Pour tenir lieu de Fourrage, Ustancile, Pain, Armes, & autres fournitures | 1500. liv. | |
| | Pension | 200. liv. | |

|  |  | Par an. | Total. |
|---|---|---|---|
| CAPITAINE de Compagnie ordinaire, Compagnie à 91. | Appointemens | 1734. liv. | 4024. liv. |
|  | Pour tenir lieu de Route aux Recrües | 400. liv. |  |
|  | Portion de la Masse pour l'habillement des Recrües | 390. liv. |  |
|  | Pour tenir lieu de Fourrage, Ustancile, Pain, Armes, & autres fournitures | 1500. liv. |  |
| CAPITAINE en second de Grenadiers. | Appointemens | 900. liv. | 1340. liv. |
|  | Pour tenir lieu de Fourrage, Ustancile & Pain | 440. liv. |  |
| CAPITAINE en second d'une Compagnie ordinaire. | Appointemens | 756. liv. | 1196. liv. |
|  | Pour tenir lieu de Fourrage, Ustancile & Pain | 440. liv. |  |
| Premier LIEUTENANT de Grenadiers. | Appointemens | 630. liv. | 980. liv. |
|  | Pour tenir lieu de Fourrage, Ustancile & Pain | 350. liv. |  |
| LIEUTENANT en second de Grenadiers. | Appointemens | 450. liv. | 750. liv. |
|  | Pour tenir lieu de Fourrage, Ustancile & Pain | 300. liv. |  |
| Premier LIEUTENANT de Compagnie ordinaire. | Appointemens | 450. liv. | 800. liv. |
|  | Pour tenir lieu de Fourrage, Ustancile & Pain | 350. liv. |  |
| LIEUTENANT en second de Compagnie ordinaire. | Appointemens | 360. liv. | 660. liv. |
|  | Pour tenir lieu de Fourrage, Ustancile & Pain | 300. liv. |  |
| AUMOSNIER. | Appointemens | 180. liv. | 500. liv. |
|  | Pour tenir lieu de Fourrage, Ustancile & Pain | 320. liv. |  |
| CHIRURGIEN. | Appointemens | 180. liv. | 500. liv. |
|  | Pour tenir lieu de Fourrage, Ustancile & Pain | 320. liv. |  |
| SERGENT de Grenadiers. | à 12. sols par jour |  | 216. liv. |
| CAPORAL de Grenadiers. | à 8. sols 6. deniers par jour |  | 153. liv. |

|  |  | Total. |
|---|---|---|
| NSPESSADE de Grenadiers. | à 7. sols 6. deniers par jour . . . . . . . . . | 133. liv. |
| RENADIER. | à 6. sols 6. deniers par jour . . . . . . . . . | 117. liv. |
| ERGENT de Compagnie ordinaire. | à 11. sols par jour . . . . . . . . . | 198. liv. |
| APORAL de Compagnie ordinaire. | à 7. sols 6. deniers par jour . . . . . . . . . | 135. liv. |
| NSPESSADE de Compagnie ordinaire. | à 6. sols 6. deniers par jour . . . . . . . . . | 117. liv. |
| OLDAT. | à 5. sols 6. deniers par jour . . . . . . . . . | 99. liv. |

Outre la solde cy-dessus, il restera en Masse par an pour chaque Compagnie de Grenadiers 954. livres, Et pour chaque Compagnie ordinaire 1710. livres.

Le Capitaine touchera chaque année 390. livres du fonds de la Masse pour l'habillement de ses Recrües.

Il luy sera donné 400. livres par an pour tenir lieu de Route aux Recrües. Au moyen de l'augmentation de paye, le Soldat s'entretiendra de linge, & de chaussure.

Les Capitaines des Compagnies qui se trouveront plus fortes à la Revüe du mois de Janvier, qu'aux Revües des mois de Novembre & Decembre precedens, seront payez par forme de suplement sur ladite Revüe de Janvier, de ce qu'ils auroient dû recevoir, tant pour le payement des effectifs, que pour leurs appointemens, si leurs Compagnies s'estoient trouvées aux Revües de ces deux mois de Novembre & Decembre, au mesme nombre d'hommes qu'elles se trouveront en Janvier, Et pareil decompte leur sera fait sur la Revüe de la fin du Semestre, pour les mois de Fevrier & Mars precedens.

Il sera fait pendant la Campagne trois Revües par les Commissaires des Guerres, la premiere conjointement avec les Inspecteurs Generaux au mois de May, la seconde au mois de Juillet, & la troisiéme au mois de Septembre, Et le payement des Compagnies sera fait sur le pied des effectifs qui se trouveront à chacune desdites Revües. Elles seront payées pour les mois de May & Juin sur celle du mois de May, pour les mois de Juillet & Aoust sur celle de Juillet, Et pour les mois de Septembre & Octobre sur celle de Septembre.

Le decompte des Appointemens du Capitaine sera fait pour les mois de May & Juin, par rapport au nombre effectif dont la Compagnie se trouvera composée à la Revüe de May, Et lorsque sa Compagnie se trouvera à la Revüe de Juillet moins forte de trois hom-

mes qu'à celle de May, Et à celle de Septembre moins forte de six,
le decompte des Appointemens dudit Capitaine sera fait sur le pied
des hommes effectifs dont sa Compagnie estoit composée au mois de
May, Et ce nonobstant la diminution de trois hommes en Juillet &
de six en Septembre.

**En Temps de Paix.**

# INFANTERIE.

*Nouveau Traitement des Troupes de l'Infanterie Françoise,*
*Reglé par S. A. R. le 6. Avril 1718.*

| | | Par an. | Total. |
|---|---|---|---|
| COLONEL dont le Regiment avoit Prevosté. | Appointemens, outre son Traitement de Capitaine . . | 990. liv. | 1800. liv. |
| | Pour tenir lieu de Prevosté . . . . . . . | 810. liv. | |
| COLONEL dont le Regiment n'avoit point de Prevosté. | Appointemens, outre son Traitement de Capitaine . . | | 990. liv. |
| LIEUTENANT-COLONEL | Appointemens, outre son Traitement de Capitaine . . | 810. liv. | 1260. liv. |
| | Pension . . . . . . . . . . . . . | 450. liv. | |

*Ceux des Officiers qui auront des Pensions plus fortes*
*continuëront d'en jouïr.*

| | | Par an. | Total. |
|---|---|---|---|
| COMMANDANT de Bataillon. | Appointemens, outre son Traitement de Capitaine . . | | 810. liv. |
| MAJOR. | Appointemens . . . . . . . . . . . | 1500. liv. | 1800. liv. |
| | Pension . . . . . . . . . . . . . | 300. liv. | |
| AYDE-MAJOR. | Appointemens . . . . . . . . . . . | | 810. liv. |
| CAPITAINE DE GRENADIERS, Compagnie à 50. hommes. | Appointemens . . . . . . . . . . . | 1800. liv. | 2405. liv. |
| | Gratifications à 50. Grenadiers . . . . . | 405. liv. | |
| | Pension . . . . . . . . . . . . . | 200. liv. | |
| CAPITAINE de Compagnie, ordinaire à 69. hommes. | Appointemens . . . . . . . . . . . | 1734. liv. | 2230. liv. |
| | Pour tenir lieu de Routes aux Recrües . . . . | 200. liv. | |
| | Portion de la masse pour l'habillement des Recrües . . | 296. liv. | |
| CAPITAINE en second de Grenadiers. | Appointemens . . . . . . . . . . . | | 900. liv. |
| CAPITAINE en second de Compagnie ordinaire. | Appointemens . . . . . . . . . . . | | 756. liv. |
| Premier LIEUTENANT de Grenadiers. | Appointemens . . . . . . . . . . . | | 630. liv. |
| Second LIEUTENANT de Compag. de Grenadiers. | Appointemens . . . . . . . . . . . | | 450. liv. |
| Premier LIEUTENANT de Compagnie ordinaire. | Appointemens . . . . . . . . . . . | | 450. liv. |
| LIEUTENANT en second de Compag. ordinaire. | Appointemens . . . . . . . . . . . | | 360. liv. |
| AUMOSNIER. | Appointemens . . . . . . . . . . . | | 180. liv. |
| CHIRURGIEN. | Appointemens . . . . . . . . . . . | | 180. liv. |

| | | Par an. |
|---|---|---|
| SERGENT de Grenadiers. | à 12. fols par jour . . . . . . . . . . . | 216. liv. |
| CAPORAL de Grenadiers. | à 8. fols 6. deniers . . . . . . . . . . | 153. liv. |
| ANSPESSADE de Grenadiers. | à 7. fols 6. deniers . . . . . . . . . | 135. liv. |
| GRENADIERS. | à 6. fols 6. deniers . . . . . . . . . . | 117. liv. |
| Compagnie ordinaire | | |
| SERGENT. | à 11. fols par jour . . . . . . . . . . | 198. liv. |
| CAPORAL | à 7. fols 6. deniers . . . . . . . . . . | 135. liv. |
| ANSPESSADE. | à 6. fols 6. deniers . . . . . . . . . . | 117. liv. |
| SOLDAT. | à 5. fols 6. deniers . . . . . . . . . . | 99. liv. |

Outre la folde cy-deſſus, il reſte en Maſſe par an pour chaque Compagnie de Grenadiers la ſomme de 954. liv. Et pour chaque Compagnie ordinaire 1296. livres.

Le Capitaine touchera chaque année 296. livres du fonds de la Maſſe pour l'habillement des Recrües.

Il luy ſera donné 200. livres par an pour tenir lieu de Route aux Recrües.

Au moyen de l'augmentation de paye, le ſoldat s'entretiendra de linge & de chauſſure.

Les Capitaines des Compagnies qui ſe trouveront plus fortes à la Reveüe du mois de Janvier, qu'aux Reveües des mois de Novembre & Decembre precedens, ſeront payez par forme de ſupplement ſur ladite Reveüe de Janvier de ce qu'ils auroient dû recevoir, tant pour le payement des effectifs que pour leurs Appointemens, ſi leurs Compagnies s'eſtoient trouvées aux Reveües de ces deux mois de Novembre & Decembre, au meſme nombre d'hommes qu'elles ſe trouveront en Janvier, Et pareil decompte leur ſera fait ſur la Reveüe de la fin du Semeſtre, pour les mois de Fevrier & Mars precedens.

En Temps de Paix. # CAVALERIE.

*Nouveau Traitement des Troupes de la Cavalerie Françoise, Compagnie à 25. Maiſtres, Reglé par S. A. R. le 6. Avril 1718.*

| | | |
|---|---|---|
| Lieutenant-Colonel. | Penſion | 600. liv. |
| Capitaine en pied. | { Appointemens 2160. liv. / Remonte 650. liv. } | 2810. liv. |
| Capitaine en ſecond. | Appointemens | 1080. liv. |
| Premier Lieutenant. | Appointemens | 900. liv. |
| Lieutenant en ſecond. | Appointemens | 600. liv. |
| Mareschal des Logis. | Appointemens | 504. liv. |
| Brigadier. | à 8. ſols par jour | 144. liv. |
| Cavalier. | à 7. ſols | 126. liv. |
| Aide-Major. | Appointemens | 1200. liv. |

　　　Outre la ſolde cy-deſſus, il reſte en Maſſe par an pour chaque Compagnie la ſomme de 450. livres, ce qui monte pour un Regiment de huit Compagnies à . . . . . . . . . . 3600. liv.

　　　Les Officiers de Cavalerie continüeront de joüir des Penſions qu'ils ont.

En Temps de Guerre.     # CAVALERIE

*Nouveau Traitement des Troupes de la Cavalerie Françoise, Compagnie à 50.*
*Maiſtres, Reglé par S. A. R. le 6. Avril 1718.*

**MESTRE DE CAMP.**
- Appointemens comme Capitaine . . . . . . 2160. liv.
- Pour tenir lieu de Remonte, Fourrage, Uſtancile, Quartier d'Hyver, Pain & autres Fournitures comme Capitaine. . . . . . . 6400. liv. — 8560. liv.
- Idem comme Meſtre de Camp. . . . . . 2000. liv.

**10560. liv.**

**LIEUTENANT-COLONEL.**
- Appointemens comme Capitaine. . . . . . 2160. liv.
- Pour tenir lieu de Remonte, Fourrage, &c. . . . 6400. liv. — 8560. liv.
- Idem comme Lieutenant-Colonel . . . . . 1500. liv.
- Penſion . . . . . . . . . . 600. liv.

**10660. liv.**

**CAPITAINE en pied.**
- Appointemens . . . . . . . . . 2160. liv.
- Pour tenir lieu de Remonte, Fourrage, &c. . . . 6400. liv.

**8560. liv.**

**CAPITAINE en ſecond.**
- Appointemens . . . . . . . . . 1080. liv.
- Pour tenir lieu de Fourage, Uſtancile, Quartier d'Hyver, Pain & autres Fournitures. . . . . 800. liv.

**1880. liv.**

**Premier LIEUTENANT.**
- Appointemens . . . . . . . . . 900. liv.
- Pour tenir lieu de Fourrage, Quartier d'Hyver, &c. . 600. liv.

**1500. liv.**

**LIEUTENANT en ſecond.**
- Appointemens. . . . . . . . . 600. liv.
- Pour tenir lieu de Fourrage, Quartier d'Hyver, &c. . 500. liv.

**1100. liv.**

**MARESCHAL DES LOGIS.**
- Appointemens. . . . . . . . . 504. liv.
- Pour tenir lieu de Fourrage, Quartier d'Hyver, &c. . 400. liv.

**904. liv.**

**BRIGADIER.**
- à 8. ſols par jour . . . . . . . . **144. liv.**

**CAVALIER.**    à 7. sols par jour . . . . . . . . . . . . . . . 126. liv.

**AIDE-MAJOR.**
- Appointemens. . . . . . . . . . . . . . . 1200. liv.
- Pour tenir lieu de Fourrage, Quartier d'Hyver, Ustancile & autres Fournitures. . . . . . . . . 800. liv.

    2000. liv.

**AUMOSNIER.**    Pour tout. . . . . . . . . . . . . . . . 600. liv.

**CHIRURGIEN.**    Pour tout . . . . . . . . . . . . . . . 600. liv.

    Outre la solde cy-dessus, il restera en Masse par an pour chaque Compagnie la somme de 900. livres, ce qui monte pour un Regiment de huit Compagnies, à . . . . 7200. liv.

    Les Officiers de Cavalerie continüeront de joüir des Pensions qu'ils ont.